AF331346

LIBRAIRIE FROUT,

RUE DAUPHINE, N° 4, A RENNES.

AU PROFIT

DES

RÉFUGIÉS ESPAGNOLS.

En **1833** un grand événement s'accomplit; la succession au trône d'une famille régnante fut intervertie, la constitution d'une des grandes puissances fut, sans précédens, brutalement renversée. Depuis longues années, la nation espagnole continuait, sous le patronage de ses institutions, son existence calme et paisible. A part quelques secousses passagères, elle jouissait du repos et de la paix. L'esprit de libre examen, les fermens d'une philosophie irritante, cette inquiétude toujours active de l'esprit humain,

fille de la réforme, causes diverses qui à la fin du siècle dernier, ébranlèrent ou précipitèrent vers la chute, les divers Etats de l'Europe, n'avaient pas renversé les bases sur lesquelles elle était assise ; le passage même de l'homme qui sillonna et bouleversa la face des choses, et dans une velléité de pouvoir, lui imposa un roi d'un jour, n'avait point altéré, malgré la secousse, ses mœurs et ses institutions. Souvenirs, sympathies, constitution, formes sociales, tout surnagea, et se rétablit après le souffle de la tempête. Un fait, bien petit en apparence, mesquin dans son principe, étroit dans ses conséquences, l'ambition personnelle d'une femme vint changer la face des choses. A l'aide d'une influence sur une énergie éteinte, un décret fut obtenu, et sous le patronage d'une volonté affaiblie et surprise, promulgué dans un Etat étonné d'un tel mépris de ses institutions, de ce renversement de ses lois. Mais des droits sacrés et imprescriptibles existaient et ne pouvaient être méconnus ; un prince était appelé par droit de la naissance, le vœu des institutions et du peuple au trône de son frère décédé. Autour de lui se rallièrent les fidèles : le parti de la révolution leva un autre étendard.

On connaît, car ils sont récens, les faits de cette lutte trop prolongée, et les détails d'une guerre qui a révélé tant et de si nobles dévouemens. En présence d'une organisation existante, n'ayant pour elle que son bras et son droit, la cause de la légitimité a donné au monde le glorieux spectacle de son courage, de sublimes exemples de résignation et de sacrifice. Cette vaillante armée, d'abord faible noyau de quelques hommes, se grossissant par ses défaites comme par ses succès, s'organisa sous les ordres et par la prodigieuse activité d'un soldat dont le nom est resté glorieux entre tous les noms de notre siècle : Zumala-Carréguy. On a vu des armées organisées, entretenues d'approvisionnemens, recrutées de renforts réguliers, reculer devant cette poignée de volontaires ; plusieurs généraux usèrent leur force et leur habileté devant ce capitaine révélé d'hier, et la gloire de Mina, ce héros si vanté de l'indépendance espagnole, vint s'éteindre dans sa lutte avec le colonel navarrais. On peut, à juste titre, croire à une issue différente de celle qui vient d'avoir lieu, si une mort prématurée n'eut enlevé ce brave à sa gloire et à sa cause. Mais, en pleurant son chef, l'armée espagnole vit se lever au milieu d'elle, un homme singulier, prodigieux exemple de ces révélations soudaines que présentent les révolutions. Cet homme est Cabrera. Lui aussi, il a accru la puissance de l'armée fidèle, il a lutté avec patience, énergie et bravoure contre une hydre dont les têtes renaissaient du sang de celles qu'il ne cessait d'abattre. La défense de Morella, prodige de persistance, d'habileté et d'intrépidité laissera dans les annales de la guerre, un sillon de gloire incontestée. Auprès du sien, viennent se grouper d'autres noms glorieux, et la postérité n'oubliera pas ceux de Balmaceda, de Merino, et de tant de chefs et de soldats, qui tous, il faut bien en convenir, sont autant de héros.

Si nous cherchons la cause de tous ces faits, nous la trouvons dans cette croyance profonde au droit et au devoir, dans ce dévouement complet à une cause sacrée, dans le sacrifice absolu de foi, et des intérêts privés à la cause de tous. Les souffrances, les privations disparaissent devant la croyance à la justice, et le soldat ne se plaint pas des fatigues du corps, si des sympathies triomphent ou luttent avec succès. Il était beau de voir ces volontaires, souvent sans ressources, endurant toutes les tortures des élémens et de la faim, marchant gaiement à la mort ou au triomphe, sans crainte et sans regret. C'est que le sang se donne et ne se vend pas, et la conscience du devoir accompli est une récompense plus enviée et qui répond mieux au besoin du cœur que les jouissances de l'abondance. Aussi qui eut pu prévoir l'issue funeste de cette lutte, si des causes en dehors des prévisions ordinaires ne fussent venues en accélérer la fin. Il a fallu un fait trop fatalement répété à notre époque, où la foi et l'honneur semblent chaque jour quitter la terre, il a fallu la trahison d'un homme qu'il répugne de nommer, et dont le nom fait rougir même les fauteurs de son infamie, pour détruire un avenir acheté par tant de peine et de gloire. Les malheureux débris de l'armée espagnole se sont jettés en France à la suite de leur roi ; ils pouvaient espérer accueil et sympathie ; le droit des gens le leur garantissait ; il n'en a pas été ainsi. On sait qu'après quelques secours fort insuffisans, le gouvernement français leur a retiré toute allocation à partir du 1er juin 1841. Dès lors le désespoir et la misère se sont emparés de ces exilés. Quelques voix se sont fait entendre en leur faveur au sein des chambres, mais en vain : l'humanité pour des proscrits a été méconnue. Si du moins, ils pouvaient rentrer dans leur patrie. Mais, on le sait, l'amnistie promulguée n'est qu'un leurre, et les massacres dont furent victimes ceux qui y croyaient, sont venus arrêter les pas des autres et leur apprendre que le sol qui les vit naître est toujours inhospitalier. Il faut donc qu'ils périssent sur cette terre de France, qui ne veut pas les nourrir, et qu'ils ne peuvent quitter.

La presse indépendante est venue à leur secours, et les noms de MM. les Archevêques et Évêques de Lyon, de Cambray, de Bayeux, de Marseille, sont venus consacrer l'appel fait en leur faveur. Le cri poussé sera entendu, car il est du devoir de tout homme de cœur de venir, selon la belle expression de Mgr de Bonald, au secours de ceux qui souffrent, *sans distinction de camp, de parti, de royaume et de croyance.*

Aujourd'hui, premier juin, une pénible atteinte est portée à la vieille renommée de l'hospitalité française. Aujourd'hui, dans tous les dépôts où des ministres complices de la trahison avaient parqué les réfugiés espagnols, cessent les subsides réguliers, et de nouvelles misères commencent pour des exilés qui semblaient avoir épuisé toutes les misères. Des hommes élevés dans les dignités de l'Eglise et de l'Etat, des généraux dont le nom appartient à l'histoire, de jeunes soldats invalides, des femmes dont le dévouement a grandi dans le malheur, des enfans nés sur la terre d'exil, vont-ils donc tendre la main à la pitié des passans pour ne pas mourir de faim? Sans doute la générosité privée fera rougir l'inhumanité officielle; sans doute la charité publique viendra, sans exception d'opinion, consoler et soulager tant de nobles infortunes. Nous en avons pour garant le langage loyal de la plupart des journaux de province les plus opposés à nos convictions politiques. Doués de sentimens plus hospitaliers que leurs amis de Paris, témoins eux-mêmes de l'héroïsme avec lequel sont supportées tant d'adversités, les écrivains politiques qui dirigent ces feuilles puisent, dans le spectacle qu'ils ont sous les yeux, de sincères inspirations, et plusieurs fois déjà nous avons constaté avec bonheur leur éloquent témoignage. Mais toutes ces protestations rendent les actes du pouvoir plus intolérables encore.

Le ministère attendait du joyeux avénement d'Espartero une amnistie plus large, plus franche, une amnistie enfin telle que le cabinet des Tuileries ne l'avait pas conseillée au temps où l'usurpation espagnole feignait quelquefois encore d'écouter ses avertissemens; mais le télégraphe est resté muet, et le jour fatal est venu sans pain sur la terre de France, sans actes généreux de l'autre côté des Pyrénées.

De grands devoirs naissent de cette déplorable situation : ils sont bien compris, et déjà nous voyons d'admirables effets de la charité privée. Mais pourra-t-elle suffire à tant de détresse? Ne se lassera-t-elle pas en présence de l'indifférence coupable et du mauvais vouloir de ceux qui ont pris la charge de guider la société?

Près de huit mille réfugiés espagnols souffrent encore parmi nous ; presque tous ont passé par un rang élevé. Plus de six cents femmes, plus de neuf cents enfans font partie de ces phalanges de l'exil. Un journal choisit le jour où leurs misères s'aggravent pour affirmer qu'ils ne sont pas dénués de ressources, et la raison qu'il en donne, c'est que tous appartiennent à des classes aisées de la société, comme si la révolution espagnole avait épargné les séquestres et les confiscations. Le même journal ajoute qu'ils peuvent rentrer dans leur patrie. C'est une erreur contre laquelle il faut protester. Les généraux, les officiers, les prêtres, les fonctionnaires publics ont été formellement exclus d'une amnistie déjà si peu sincère pour les proscrits subalternes qu'elle rappelait.

En faisant un appel nouveau à la bienfaisante sympathie de nos amis, nous sommes sûrs d'être entendus ; c'est un devoir de chrétien et de royaliste que notre voix recommande.

(Quotidienne du 1er juin.)

Messieurs, la France a toujours été une terre d'asile pour les proscrits politiques ; elle leur a toujours ouvert son sein, et toujours elle l'a fait avec générosité, soit dans le siècle présent, soit plus anciennement. C'est ainsi que depuis la révolution, 55 millions de secours ont déjà été distribués, suivant les paroles de M. le ministre de l'intérieur à l'autre chambre, aux réfugiés politiques de diverses nations. Mais je dois faire une observation. Sur ces 55 millions, 50 ont été donnés aux réfugiés polonais, italiens, etc., et 5 millions seulement ont été distribués aux réfugiés espagnols. L'émigration espagnole qui a eu lieu dans les deux dernières années s'est élevée jusqu'à 55,000 individus, et elle n'a touché, je le répète, sur les 55 millions qui ont été si généreusement accordés par le gouvernement français, au nom de la France, que de celle de 5 millions.

Dans l'année 1840, les réfugiés de nations autres que la nation espagnole, au nombre de 6,000, ont touché un subside de 2,550,000 fr. En 1841, ces réfugiés, au nombre de moins de 6,000 je crois, Polonais, Italiens, etc., touchèrent un subside de 2,150,000 fr., et cependant les réfugiés espagnols, tous, au dire de l'exposé des motifs, revêtus de grades élevés, tous officiers ou fonctionnaires civils, et au nombre de 7,500, ne toucheraient, d'après la proposition de loi qui vous est faite, que 1,400,000 fr.

Je demande d'abord pourquoi cette différence de traitement dans une infortune semblable? Pourquoi 6,000 individus touchent-ils 2,150,000 fr., tandis que 7,500 ne touchent que 1,400,000 fr. ? Est-ce que le même malheur n'a pas un même droit, un droit égal à la générosité de la France, ou bien ferons-nous quelque différence à cause des diverses nuances d'opinions politiques qui divisent ces réfugiés? Mais, messieurs, jamais en France on ne vit une pareille distinction ; et certainement je ne crois pas que le ministère actuel veuille la commencer à présent.

Dans la révolution espagnole, plusieurs, je parle des réfugiés actuels, ont cru que, pour la stabilité de leur pays (mettre qu'ils se soient trompés, c'est possible à vos yeux), pour le plus grand intérêt de leur patrie, pour empêcher les suites déplorables et sanglantes qui accompagnent toujours un changement de gouvernement, plusieurs, dis-je, ont cru qu'il fallait soutenir l'ancien ordre de choses, les anciennes franchises des diverses provinces, et que l'Espagne n'était pas pour eux un gouvernement central. Ce n'est pas un crime à nos yeux. Qu'importe à la France? Ce qui lui importe, c'est que ces réfugiés soient des gens de cœur, qui, après s'être battu loyalement pour la cause qu'ils croyaient être celle de leur patrie, soient venus lui demander un asile dans le malheur qui les a frappé; ce qui lui importe, c'est que ces hommes-là ne meurent pas de faim sur le territoire.

Or, j'aurai donc raison quand je dirai que les 400,000 fr. de secours qui doivent leur être distribués pendant les sept derniers mois de l'année 1841 ne sont pas suffisans.

En effet, 50,000 fr. seront prélevés et laissés à la disposition du gouvernement pour des besoins d'urgence, des besoins éventuels. Il restera donc 50,000 fr. à distribuer par mois à 7,308 parties prenantes; ce qui, terme moyen, sera un secours *quotidien* pour chacun de 25 centimes.

Messieurs, je vous demande si avec 4 sous 1|2 par jour il est possible qu'un individu ait seulement le pain nécessaire à sa nourriture; et cependant il lui faut encore autre chose, le logement, le vêtement!

Je vais dire toute ma pensée. Oui, je crois que le gouvernement n'est pas dans l'intention de laisser ces malheureux réfugiés espagnols manquer des secours qui leur sont indispensables; je crois que dans ce moment-ci, il y a de sa part une négociation officieuse pour élargir les portes de l'amnistie;

je crois qu'avant trois mois beaucoup de ces réfugiés, sous-lieutenans, lieutenans, capitaines ou officiers qui ne sont pas dans les grades les plus élevés, pourront revoir le sol de leur patrie. Mais, s'il en était autrement, je suis convaincu que le gouvernement dépasserait le chiffre de 400,000 fr. que nous allons lui allouer. Et je suis d'autant plus fondé dans cette opinion, que le gouvernement, sans avoir obtenu une loi à cet effet, a cru qu'il ne trouverait aucune opposition dans les chambres, en distribuant pendant les cinq premiers mois de l'année, près d'un million pendant le cours de cette session.

Ce qu'il a fait, vous présens, il pourrait encore le faire, vous absens, s'il était déçu dans ses espérances, c'est-à-dire s'il n'obtenait pas qu'un grand nombre des proscrits rentrassent dans leur patrie avant la fin de l'année. Je suis persuadé que, dans ce cas-là, il dépasserait la somme qui est demandée aujourd'hui, et qu'il viendrait plus tard prier les chambres de valider cette dépense.

Un million a déjà été distribué, ai-je dit, depuis le 1er janvier aux réfugiés espagnols. Permettez-moi, messieurs, de vous lire à ce sujet ce passage du rapport de votre commission.

Sur cette somme de 1,400,000 fr., 1 million est destiné à solder les dépenses des secours accordés jusqu'au 1er juin de cette année 1841 aux sept mille réfugiés espagnols non compris dans l'amnistie proclamée à la fin de 1840 ; les 400,000 francs restans doivent être distribués en secours éventuels à ceux de ces réfugiés dont la position réclamerait, d'ici à la fin de l'année, une assistance temporaire ou accidentelle.

C'est ainsi, par les termes du rapport même, que j'ai appris qu'un million de secours avait été distribué *sans loi* à ces 7,500 réfugiés.

Dans cette conviction, j'adopte avec reconnaissance la loi qui accorde 1,400,700 fr. de secours, en disant qu'elle est insuffisante dans le cas où l'amnistie ne serait pas élargie, et en ajoutant que le ministère devra alors, au moyen d'une ordonnance de crédit extraordinaire, ajouter la somme nécessaire, indispensable à la subsistance des 7,500 victimes des révolutions espagnoles réfugiés sur notre territoire.

(Discours de M. le vicomte Dubouchage.)

—

Nous approuvons tout-à-fait, dit le *Constitutionnel*, les sentimens exprimés dans la circulaire que Mgr le cardinal de Bonald vient d'adresser à MM. les curés de son diocèse, pour appeler la charité des fidèles sur les réfugiés espagnols, auxquels les subsides sont retirés à partir du 1er juin.

« Lyon, le 5 juin 1841.

» Il est dans les destinées de notre diocèse d'éprouver tous les genres d'infortunes et de les soulager tous. Sur le front de la ville de Lyon est imprimé le double caractère du malheur et de la charité. C'est une belle couronne qu'elle porte noblement : c'est une double consécration qui, en ajoutant à sa gloire je ne sais quoi de saint et de vénérable, lui assigne un rang à part parmi toutes les cités chrétiennes.

» Nous avons mis à l'épreuve la bienfaisance de nos diocésains à l'époque de nos derniers désastres; tous les cœurs ont répondu à notre appel. Nous voici encore avec de nouvelles demandes, avec de nouvelles supplications. Il arrive chaque jour dans notre ville épiscopale des familles espagnoles qui n'ont ni pain, ni vêtement, ni subsides. Elles assiégent notre demeure et nous invoquent comme leur pasteur pendant le court séjour qu'elles font ici. Il nous est impossible de ne pas les regarder comme des enfans d'adoption. Ces étrangers sont pauvres, ils sont malheureux, c'est assez pour avoir des droits à la compassion et à l'intérêt d'un évêque.

» Aidez-moi, M. le curé, par votre influence auprès de vos paroissiens, à nourrir ce surcroît de famille; et, si nous ne tenons pas compte à ces infortunés des convictions auxquelles ils se sacrifient, rappelons-nous au moins que leurs pères ont donné une généreuse hospitalité à nos prédécesseurs dans la carrière sacerdotale.

» Si vous pouvez recueillir quelques aumônes pour ces infortunés espagnols, veuillez me les adresser au plus tôt. Des familles nombreuses, des femmes, des enfans exténués viennent tous les jours me demander du pain. Je ne crains pas, M. le curé, de vous paraître importun. Notre vie, à nous prêtres, est de vivre pour les autres et de nous dévouer au soulagement de tout ce qui souffre, sans distinction de camp, de parti, de royaume et de croyance.

» Agréez, etc.　　　　　† L. J. M. CARD. DE BONALD,
　　　　　　　　　　　　　　　» Archevêque de Lyon. »

—

M^{grs} les évêques de Cambrai, Bayeux et Marseille se sont joints à Mgr le cardinal de Bonald, Mgr de Marseille a fait lire sa lettre en chaire dans toutes les églises de son diocèse. Nous en citerons un seul paragraphe, il dit :

« La religion et l'humanité plus puissantes que les préoccupations des partis, doivent réunir tous les cœurs dans un même sentiment de charité.

» Si au milieu des tristes dissensions qui agitent notre époque, l'homme généreux, à quelque esprit qu'il appartienne, et toujours sensible au sort des victimes, le chrétien restera-t-il indifférent pour des exilés frappés dans leur pays des proscriptions dans lesquelles la cause de la foi est enveloppée? A ses yeux, ses exilés ne seront-ils pas par dessus tout des frères, des membres souffrans du même corps que lui? Et pourrait-il leur refuser une religieuse commisération. »

—

« Seule, peut-être, entre les grandes villes de France, Marseille dit la *Gazette du Midi*, n'avait jusqu'à ce jour connu que par la voix publique tous les malheurs des militaires espagnols ; elle avait vu les souffrances des confesseurs de la Foi, elle les avait accueillis à bras ouverts, et grâce à la charité, *la dette* du vieux clergé de France avait été, sinon pleinement acquittée, au moins compensée autant que pouvait le permettre le dénûment de notre Eglise et la misère de notre temps. Aujourd'hui, des douleurs non moins grandes et plus cruelles peut-être, parce qu'elles frappent des pères et des époux, se présentent chaque jour à nos yeux.

» Marseille fera son devoir, ou plutôt elle en a déjà commencé l'accomplissement ; bientôt nous l'espérons, il nous sera permis de nommer les citoyens éminens dans la propriété, le commerce et les professions savantes qui ont pris en main la cause des malheureux réfugiés. Qui résisterait à ces voix respectées que vient appuyer et sanctifier, en quelque sorte, l'appel de notre charitable prélat ? Richesse, médiocrité, pauvreté même, toutes les conditions sauront prendre sur leur superflu ou sur leur nécessaire, pour aider, pour consoler surtout la plus noble infortune qui existât jamais. Les dames que l'on trouve toujours les premières, quand il s'agit de secours et d'humanité, ont déjà pris les devans. »

Un fonctionnaire public de Lons-le-Saulnier écrit à la *Gazette de Metz* que la plupart des refugiés de cette ville sont réduits à un seul repas par jour, composé d'herbes et de racines sauvages, d'escargots ou de petits poissons pêchés dans un ruisseau qui roule toutes les immondices de la ville, il se trouve là des femmes prêtes d'accoucher et qui n'ont pas la moindre ressource, des enfans malades, des pères blessés et infirmes, c'est à déchirer le cœur.

Il y a, à Lons-le-Saulnier des familles entières, composées du chef, lieutenans, capitaine et quelquefois même colonel, d'une femme et souvent de quatre, cinq et même neuf enfans, qui sont plongés dans la plus affreuse détresse et ne savent où trouver des moyens d'existence.

Au milieu de ces misères, il surgit d'admirables dévouemens ; le fonctionnaire qui nous écrit, cite entr'autres une pauvre servante qui a suivi ses maîtres et qui est remplie d'intelligence et de talens ; elle pourrait rentrer en Espagne ou se tirer d'affaire elle-même en France où elle serait bien promptement employée dans quelque bonne maison, mais elle préfère aider sa maîtresse qui a beaucoup d'enfans, et dont l'un s'est dernièrement cassé la cuisse, elle partage sa misère pour ne pas l'abandonner et continuer à lui être utile.

Mon Dieu, que la mesure qui a supprimé les subsides mensuels est barbare et inhumaine ! A Châtillon et Besançon, le grand nombre des réfugiés ne permet plus au comité de subvenir à tous les besoins, et il ne sait plus où donner de la tête.

Espérons que l'intérêt que mérite de si cruelles positions ne se ralentira pas ; espérons que l'on comprendra généralement que le malheur doit faire taire les sentimens politiques pour ne laisser place qu'à la charité chrétienne.

—

Depuis plusieurs jours, dit la *Gazette du Midi*, un certain nombre de réfugiés espagnols arrivent à Marseille avec des passeports français indiquant la destination de l'Italie, et ces infortunés éprouvent ici le plus pénible étonnement en apprenant qu'ils ne peuvent obtenir des visats pour ce pays, les consuls italiens n'y étant pas autorisés. Comment le ministère qui savait parfaitement cette circonstance a-t-il pu leurrer si indignement les réfugiés, et leur faire dépenser, dans un inutile voyage, les dernières et si faibles ressources qui leur restaient? Qu'est-ce qu'un tel machiavélisme quand d'une main on retire aux *seuls* espagnols tous les subsides, et que de l'autre on n'a pas su ou pas voulu leur rouvrir le chemin de leur patrie ?

En attendant que les puissances voisines, comprenant une position si digne de leur intérêt, donnent à leurs consuls des ordres plus favorables, tous les amis de l'humanité se feront un devoir d'arrêter des retards dont le résultat est aussi décevant que ruineux. Nous supplions donc tous les journaux auxquels notre voix peut parvenir, de vouloir bien reproduire cet avis; ils ne sauraient lui donner une publicité trop étendue.

—

Une soirée musicale a été organisée, à Nantes, dans le but de venir au secours des malheureux réfugiés espagnols.

« Nos sympathies, dit le *Breton*, ne sont pas, et loin de là, pour la cause qu'ont défendue ces réfugiés; mais il est une opinion au-dessus de tous les partis, c'est celle de l'humanité, et nous ne voyons dans les Espagnols en ce moment à Nantes que des infortunés qu'il s'agit de secourir. »

Nous ne pouvons nous lasser d'en appeler en faveur des Espagnols à une charité dont les efforts ne se lassent pas. Et à qui nous adresserions-nous d'abord, sinon au clergé, aux évêques, aux curés qui sont toujours disposés à prêter leur secours à ce qu'on tente pour les voyageurs, les pauvres et les abandonnés. Qu'ils nous soient en aide dans cette œuvre de *christianisme* et *d'humanité*, et qu'ils ajoutent l'autorité de leurs paroles à nos prières !

—

Nous ne pensons pas que le clergé breton reste en arrière dans cette circonstance, aussi lui adressons-nous un appel, assuré qu'il y répondra.

—

Nous terminons ces tristes détails sur l'état malheureux où se trouvent les proscrits espagnols, en transcrivant l'appel que vient encore de faire l'honorable M. Hyde de Neuville :

« Hommes riches, hommes aisés de toutes les classes, de toutes les religions, de toutes les opinions, ne vous condamnez pas au malheur d'avoir à rougir devant Dieu, devant vos semblables !..... Vous avez eu à des époques différentes vos exilés, vos réfugiés, vos proscrits... Ils furent secourus par des nations voisines..... AH ! N'OUBLIEZ PAS LES PAUVRES ESPAGNOLS !

» Si vous ne pensez pas comme eux, répondez à l'appel de l'humanité !

» S'ils ont vos sympathies, répondez à l'appel du devoir !

» LÉGITIMISTES, LES PAROLES NE SONT RIEN, LA FOI SE PROUVE PAR LES OEUVRES !!! »

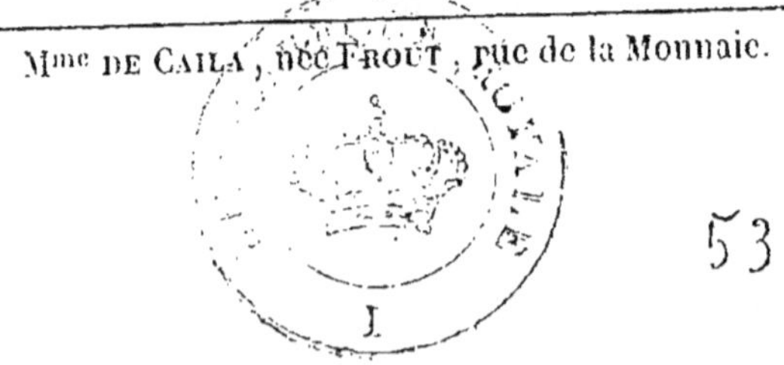

Mme DE CAILA, née TROUT, rue de la Monnaie.

53

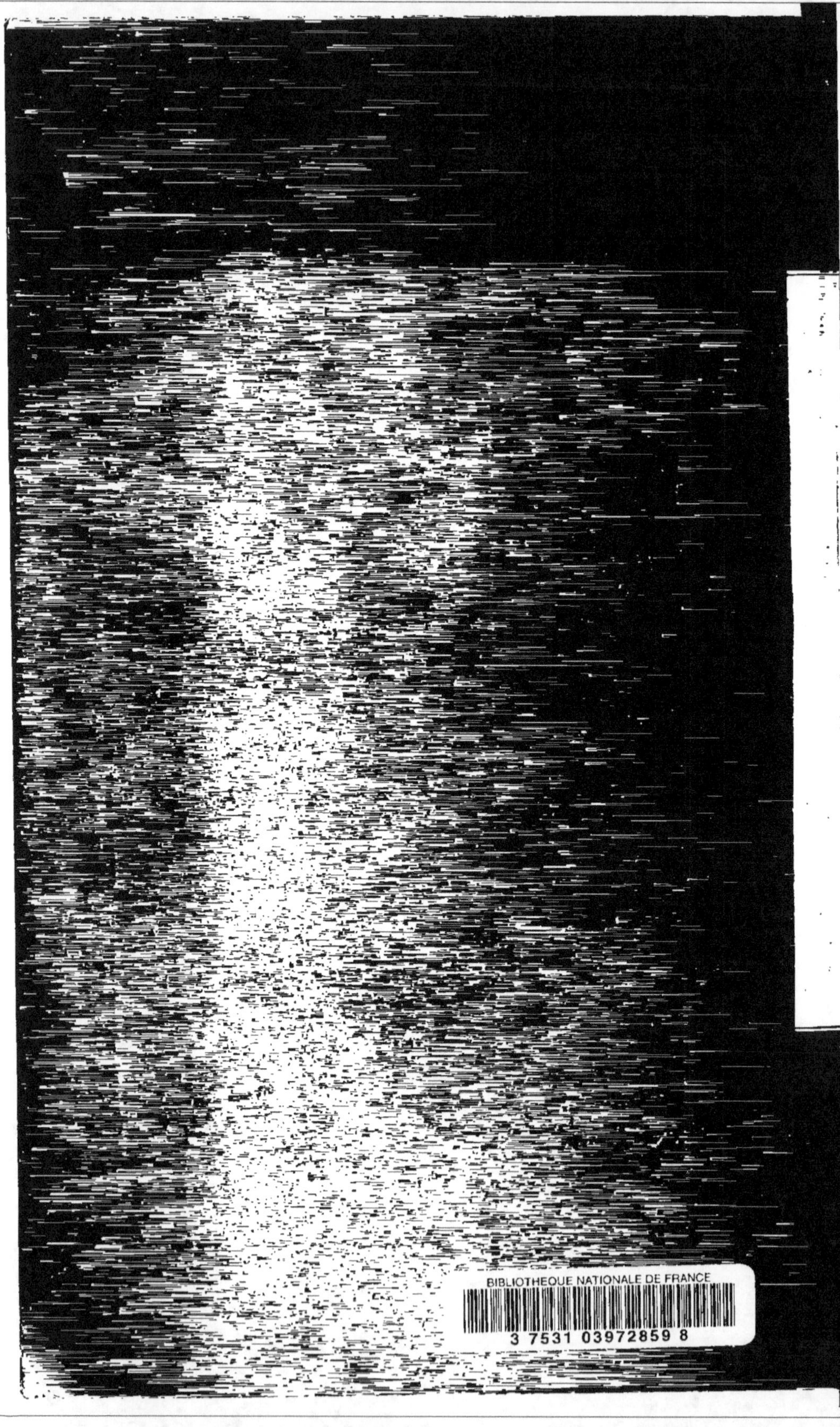